Julius Klain

Coronavirus
Mein achtes Corona-Krise Tagebuch

Sommer - Sonne - Sorgenkind

Bibliografische Information der Deutschen Nationalbibliothek: Die Deutsche Nationalbibliothek verzeichnet diese Publikation in der Deutschen Nationalbibliografie; detaillierte bibliografische Daten sind im Internet über dnb.de abrufbar.

© 2020 Julius Klain
Coverbild: © Thaut Images - stock.adobe.com
Coverdesign und Layout: © Julius Klain
Herstellung und Verlag: BoD – Books on Demand, Norderstedt

ISBN: 978-3-7526-7314-2

Hessen, November 2020

Vorwort

Liebe Leserin, lieber Leser,
ich habe mir in den zurückliegenden Wochen und Monaten eine kleine Auszeit vom Schreiben gegönnt. Nun geht es jedoch nahtlos dort weiter, wo ich zuletzt aufgehört habe. Anfang Juni dieses verrückten Jahres. Und ich freue mich darüber, Ihnen mit diesem achten Buch meiner Corona-Krise Tagebücher von den weiteren Ereignissen aus meinem Leben in dieser außergewöhnlichen Zeit berichten zu können.

Viel Spaß beim Lesen!

Ihr

Julius Klain

Einleitung

Zur Erinnerung, im Nachwort des vorangegangenen Buches habe ich mir folgende Antworten auf die für mich zum damaligen Zeitpunkt essentiell wichtigen nachfolgenden Fragen geben:

Fragen:	Antworten:
Haben wir das Schlimmste dieser Krise schon überstanden?	Ich weiß es nicht, aber irgendwie fühlt es sich derzeit so an.
Wann können die Jungs endlich wieder in die Schule gehen?	Mein jüngerer Sohn geht seit dem 19. Mai wieder zur Schule und für meinen älteren Sohn soll es am 04. Juni wieder losgehen.
Wie lange wird meine Tochter noch zu Hause sein, beziehungsweise, wird sie vor ihrer Einschulung im Sommer den Kindergarten überhaupt noch einmal besuchen?	Ich habe keine Ahnung.
Wird meine Tochter in diesem Sommer eingeschult, oder fällt das dieses Jahr wohlmöglich aus?	Alle Informationen der Schule vermitteln den Anschein, dass es in diesem Jahr zu einer Einschulung kommen wird, wenn auch in ungewohnter Form.
Wird Corona für mich und meine Familie auch weiterhin ein Gespenst in der Ferne bleiben?	Ich hoffe es nach wie vor sehr.
Was wird aus unserem Ostseeurlaub im August?	Ich weiß es noch nicht.
Werde ich wirklich meine Sachen packen und gehen?	Vorerst nicht.

Na dann, rein ins aktuelle Geschehen. …

Montag, 02. Juni 2020

Endlich, endlich, endlich! Neben meinem jüngeren Sohn, der ja bereits seit zwei Wochen alle zwei Tage das Haus wieder in Richtung Schule verlässt, dürfen ab heute sowohl mein älterer Sohn als auch meine Tochter wieder zur Schule, beziehungsweise in den Kindergarten gehen. Blöd ist jedoch, dass dennoch jeden Tag einer der beiden Jungs zu Hause ist, da sie einen unterschiedlichen Schulrhythmus haben. Während mein älterer Sohn montags, mittwochs und freitags die Schule besucht, ist mein jüngerer Sohn zu Hause, da er in diesen Wochen lediglich dienstags und donnerstags unterrichtet wird. In der Folgewoche ist es dann umgekehrt.

Meine Tochter hingegen kann zwar jeden Tag in den Kindergarten kommen, was „eingeschränkter Regelbetrieb" genannt wird und auf jeden Fall eine Entlastung ist. Da sie jedoch zu einer ganz bestimmten Uhrzeit (8.30 Uhr) dorthin gebracht und zu einem festen Zeitpunkt (13.30 Uhr) aus der Einrichtung wieder abgeholt werden muss, damit sich nicht zu viele Personen zum gleichen Zeitpunkt begegnen, ist der organisatorische und zeitliche Aufwand rund um den Weg zur/von der KiTa für uns Eltern deutlich gestiegen. Den vor Corona gewohnten Bustransfer von unserem Wohnort in den Kindergarten gibt es (noch) nicht.

Insgesamt weiß ich daher nicht so recht, ob ich innerlich über die neuerlichen Veränderungen lachen oder weinen soll. Ja, es ist eine Erleichterung, dass alle drei Kinder das Haus (tageweise) verlassen und ihren gewohnten Aufgaben nachgehen, wodurch sie deutlich ausgeglichener und ausgelasteter wirken. Dennoch empfinde ich die häusliche Situation nach wie vor als sehr anstrengend und sehr belastend, da mir die Zeit für mich alleine und für meine Aufgaben fehlt. Sehr sogar. ☹

Dienstag, 03. Juni 2020

Aus irgendeinem Grund verläuft der heutige Vormittag sehr entspannt, obwohl ich zu Hause mit meinem älteren Sohn mal wieder um die Erledigung seiner Schulaufgaben kämpfe. So entspannt, dass ich mich zwischendurch endlich um ein „Projekt" kümmern kann, welches ich bis dato stets vor mir hergeschoben habe. Mir hat jedoch in den vergangenen Monaten schlichtweg die Zeit und auch die Kraft gefehlt, mich auch noch darum zu kümmern: die Hochzeit meines besten Freundes Markus, welche Ende Oktober in Bremen stattfinden soll, und bei welcher ich ihm als Trauzeuge zur Seite stehen darf/soll/muss.

Es wird endlich Zeit, diese Sache anzugehen!, lautet jedenfalls der eindringliche Befehl meiner inneren Stimme, der ich nur recht geben kann, da ich inzwischen den Druck meiner bisherigen Untätigkeit vor dem Hintergrund der so langsam aber sicher davonlaufenden Zeit deutlich spüre. Folglich fasse ich mir ein Herz und rufe erstmals bei meinem weiblichen Pendant, der Trauzeugin der Braut, namens Clarissa an.

Nach kurzem anfänglichem Kennenlernblabla und dem damit verbundenen eher steifen verbalen Abtasten finden wir dankenswerterweise recht schnell eine gemeinsame Wellenlänge und stellen fest, dass wir zu vielen hochzeitsrelevanten Themen dieselbe Einstellung haben. Doch nicht nur das, auch von der sich in unserem Gespräch entwickelnden Idee, ein Hochzeitsbuch aus Beiträgen aller Hochzeitsgäste für das Brautpaar zu gestalten, sind wir ebenfalls beide von Beginn an begeistert. Nicht zuletzt deshalb, weil wir noch ein dickes Corona bedingtes Fragezeichen hinter dieser Veranstaltung sehen und auf diese Art und Weise, im Falle einer Absage der Hochzeit, einerseits einen Weg für die Gäste gefunden haben, dem Brautpaar etwas mit auf den gemeinsamen Weg zu geben, und andererseits der Braut und dem Bräutigam etwas Schönes und Persönliches zukommen lassen können, dass einen bleibenden Eindruck hinterlassen und sie erfreuen wird.

Erleichtert, endlich einen Plan zu haben und erleichtert, dass sich die alleinstehende und kinderlose Clarissa um die Formulierung eines entsprechenden Textes an die Gäste kümmern möchte, stelle ich nach etwa einer Stunde das Telefon auf die Ladestation zurück. Ich hätte nämlich ehrlich gesagt nicht gewusst, wann ich mich unter den aktuellen Gegebenheiten auch noch darum hätte kümmern sollen.

Die mir bis zu unserem nächsten Telefonat in circa zwei Wochen zufallende Aufgabe, eine Gästeliste inklusive Kontaktwege von Markus zu besorgen, halte ich hingegen für gut machbar.

Gleich nach dem Telefonat mit Clarissa erledige ich dies und rufe bei Markus an. Anschließend bin ich sowohl überrascht, als auch ein wenig erschrocken darüber, welche Dimension die geplante Veranstaltung hat. Denn auf der Einladungsliste stehen mit über 250 Namen deutlich mehr Personen, als ich mir bisher in meinen Vorstellungen ausgemalt habe. Meine Gedanken beginnen zu kreisen:

Über 250 Gäste. ... Trotz Corona? ... Und dich mitten drin! Mein Magen, nein, mein gesamter Körper zieht sich krampfhaft bei diesem Gedanken zusammen. ... *Das kann unmöglich ihr Ernst sein. ... Ob das so überhaupt möglich sein wird? ... Abwarten.*

Mittwoch, 04. Juni 2020

Da die Corona-Infektionszahlen mehr und mehr zurückgehen, da sich die Gesamtlage zunehmend entspannt und, da es aus der Sicht von uns Eltern Zeit wird, den dauerhaften Klammergriff der Kinder endlich wieder etwas zu lockern, erlauben wir ihnen ab heute, sich wieder regelmäßig mit anderen Kindern zu verabreden und zu spielen. Auch die regelmäßigen Großelternnachmittage, die uns zusätzlich wieder etwas Luft verschaffen, werden ab der kommenden Woche wieder stattfinden. *Ja!* ☺

Freitag, 06. Juni 2020

Heute hat meine Frau Geburtstag. Es ist der erste familieninterne Geburtstag seit dem Beginn der Pandemie, und der erste, den wir - seitdem wir uns vor 20 Jahren kennengelernt haben - nur im kleinsten Kreis, sprich, nur mit ihren Eltern, ihrem Bruder und seiner dreiköpfigen Familie sowie ihrer Großmutter feiern. Warum? Na klar, um die Kontakte zu anderen möglichst gering zu halten. Wobei, auch von „feiern" im herkömmlichen Sinn, also etwas Ausgelassenes und Unbeschwertes zu tun, kann nicht die Rede sein. Im Gegenteil. Auch diese Veranstaltung gleicht mal wieder eher einer Trauerfeier, da alle irgendwie nur darauf bedacht sind, sich nicht zu nahe zu kommen. Von den miteinander spielenden Kindern mal abgesehen.

Dennoch hat sich das, was vor diesem Tag eher komisch und absurd schien, rückblickend als sehr wohltuend für uns herausgestellt. Nämlich nicht den ganzen Tag das Haus voller Leute zu haben und permanent damit beschäftigt zu sein, die ansonsten circa Zwanzig Personen zu bewirten. Heute, in diesem kleineren Rahmen, war es jedenfalls deutlich entspannter. Und es war gut so, wie es war.

Montag, 08. Juni 2020

Eher beiläufig stelle ich im Verlauf des Vormittags fest, dass allein die zurückliegende Woche, mit ihren lediglich drei Schultagen, bei meinem älteren Sohn schon für eine deutliche Verhaltensänderung gesorgt hat. Seine bisweilen vorhandene und in den letzten Maiwochen kaum noch zu ertragende Aggressivität und Unausgeglichenheit ist jedenfalls deutlich kleiner geworden, was das gemeinsame Zusammenleben für den Moment wieder deutlich einfacher macht. *Auch ihm hat in den vergangenen Monaten etwas gefehlt,* resümiere ich gedanklich. *Sehr sogar. Eine Aufgabe, Abwechslung, eine feste Struktur, seine Freunde, … . Gut, dass es jetzt wieder anders ist. Zumindest für die kommenden drei Wochen.*

Donnerstag, 11. Juni 2020

Nach dem monatelangen Stillstand überschlagen sich derzeit die Ereignisse (gefühlt), denn seit dem heutigen Tag gelten folgende neue Corona-Regeln (Lockerungen) in Hessen:

Kontaktbeschränkungen:
- Es dürfen sich wieder Gruppen von maximal 10 Personen im öffentlichen Raum treffen – unerheblich, aus wie vielen verschiedenen Hausständen sie stammen.
- Bei privaten Zusammenkünften unterhalb der Veranstaltungsschwelle entfällt die bisherige Begrenzung auf einen engen privaten Kreis. Die Bürgerinnen und Bürger bleiben gleichwohl aufgerufen, auch im häuslichen Bereich eigenverantwortlich auf eine Begrenzung ihrer persönlichen Kontakte zu achten.
- In Geschäften, Gottesdiensten, Kultureinrichtungen, Veranstaltungsräumen, Gaststätten muss sichergestellt werden, dass der gebotene Mindestabstand von 1,5 Metern eingehalten werden kann.

Wettkampf- und Trainingsbetrieb im Sport:
- Kontaktsport darf unter Beachtung der Hygieneregeln mit bis zu zehn Personen durchgeführt werden.
- Auch das bestehende Verbot des Wettkampfbetriebes im Amateurbereich wird für viele Sportarten aufgehoben. Die den Sportarten zugehörigen Sportfachverbände entscheiden dabei in eigener Zuständigkeit über die Wiederaufnahme des Wettkampfsports, sofern dieser unter Wahrung der Kontaktbeschränkungen möglich ist.
- Somit kann Training und Wettbewerb unter Einhaltung von Hygieneregeln in Sportarten mit eingeschränkter Teilnehmerzahl beispielsweise im Tennis, Basketball, Tischtennis, Reiten und vielen weiteren Sportarten wiederaufgenommen werden.

Des Weiteren wurde gestern vom Landes-Corona-Kabinett entschieden, dass ab dem 22. Juni für alle Jahrgänge der Grundschule und der Grundstufen der Förderschule der tägliche Präsenzunterricht wiederaufgenommen wird.

(Quelle: https://www.hessen.de/presse/pressemitteilung/landesregierung-beschliesst-weitere-regelungen)

Was bedeuten diese Änderungen für mich / uns?
1. Ich kann ab sofort mit meinen Fußball-Kids wieder „normal" trainieren.
2. Ab dem 22. Juni wird mein jüngerer Sohn wieder täglich die Schule besuchen, so dass ab diesem Tag lediglich ein Kind (mein älterer Sohn) alle zwei Tage zu Hause ist. Bei ihm findet der Präsenzunterricht noch immer nur jeden zweiten Tag statt.

Das „normale" Leben kehrt zurück! ☺ *Hoffentlich sind all die Lockerungen jedoch nicht zu voreilig.*

Samstag, 13. Juni 2020

Nach dem Geburtstag meiner Frau vor einer Woche ist heute meine Tochter an der Reihe, die sechs Jahre alt wird. Und wie jedes Kind freut(e) sie sich sehr auf diesen Tag. Es war daher eine echte innere Zerreißprobe für uns Eltern, auch bei der Planung und Durchführung dieses Tages, die Vernunft vor die Emotionen zu stellen. Aus diesem Grund wird es in diesem Jahr für sie keine separate Feier nur mit Kindern geben. Stattdessen durfte sie jedoch ihre beste Freundin für den heutigen Nachmittag laden, wo wir eigentlich nur mit der Familie feiern wollten. Die Zahl der erwachsenen Gäste haben wir dem Wunsch unserer Tochter entsprechend dieses Mal allerdings nicht reduziert, sondern die Gratulierenden stattdessen gebeten „scheibchenweise" bei uns zu erscheinen, um eine Durchmischung der diversen Haushalte zu verhindern. Mein Teil der Familie wird uns daher vormittags besuchen und der meiner Frau am Nachmittag.

Und rückblickend war auch dieser Tag gut so, wie er war. Auch unsere Tochter war sehr zufrieden!

Samstag, 20. Juni 2020

Durch den Geburtstag meiner Tochter hat das Fußballtraining meiner Jugendmannschaft am vergangenen Samstag nicht stattgefunden. Heute genieße ich es sehr, keine großartigen Corona-Vorbereitungen mehr treffen zu müssen, sondern den Kids einfach einen Ball aufs Spielfeld werfen zu können, damit sie lediglich mal wieder richtig und ausschließlich nur spielen können – den Lockerungen sei Dank!

Montag, 22. Juni 2020

Nach über drei Monaten gehen alle drei Kinder an diesem Morgen aus dem Haus und in die Schule, beziehungsweise in den Kindergarten.

Ich hätte mir für heute Urlaub nehmen sollen, um diesen Tag zu feiern und ihn alleine zu Hause zu genießen, denke ich mir wehmütig, als in einer Pause in der Firma aus dem Fenster schaue.

Dienstag, 23. Juni 2020

Ein Blick in meinen Kalender verrät mir, dass heute der letzte Tag ist, an dem wir unseren Ostsee-Urlaub im August noch stornieren könnten und nur einen Teil unseres Geldes verlieren würden. Ab morgen wäre alles futsch. Doch entgegen meiner bisherigen Bedenken, fällt mir die Entscheidung an diesem Morgen recht leicht: wir fahren - Punkt.

Warum dieser Sinneswandel?

Vielleicht, weil sich die Corona-Gesamtsituation in den letzten zwei Wochen in Deutschland noch einmal deutlich entspannt hat. Vielleicht, weil ich es satt habe, ständig nur noch daheim zu sein und einfach mal wieder raus muss. Vielleicht, weil ich der ständigen Streitereien mit meinem älteren Sohn total überdrüssig bin. Vielleicht jedoch auch einfach nur, weil Gott es möchte, dass wir fahren.

Dienstag, 30. Juni 2020

Dass die Schule und auch die KiTa ihren Betrieb wiederaufgenommen haben, hat rückblickend trotz der ganzen Einschränkungen und Besonderheiten echt gutgetan. Dennoch muss ich an dieser Stelle gestehen, dass unser älterer Sohn, der ja nach wie vor jeden zweiten Tag zu Hause ist und dort beschult werden muss, gerade in der vergangenen Woche, zu einem echten Sorgenkind mutiert ist. Er lässt sich jedenfalls kaum noch etwas von uns Eltern sagen, ist extrem aufmüpfig und frech, sogar teilweise sehr beleidigend und verletzend mit dem, was er sagt. Zudem empfinde ich es so, dass er seine beiden Geschwister regelrecht tyrannisiert, weil er nicht weiß, wohin mit sich und seiner Energie, beziehungsweise Langeweile. Auch auf „Schule zu Hause" hat er absolut keinen Bock mehr. Was ich zwar irgendwie verstehen kann, was jedoch die Gesamtsituation nicht einfacher macht. Im Gegenteil.☹

Weitere Ereignisse im Juni (Kurzform):

- Die deutsche Corona-Warn-App wird veröffentlicht. Ich lade sie mir jedoch nicht herunter, da meine Sicherheitsbedenken größer sind, als der von mir prognostizierte Nutzen.
- Der FC Bayern München ist mal wieder Deutscher Fußballmeister.
- Pünktlich vor der Sommerreisewelle wird das Reisen in viele europäische Länder wieder ohne Einschränkungen erlaubt.

Mittwoch, 01. Juli 2020

Gleich früh am Morgen werfe einen Blick auf die Entwicklung der Corona-Zahlen:

Wo?	Infizierte		Tote	
	26.05.2020	01.07.2020	26.05.2020	01.07.2020
Welt	5.497.532	10.450.628	346.269	510.437
USA	1.662.768	2.634.432	98.223	127.410
Brasilien	374.898	1.402.041	23.473	59.594
Russland	353.427.	646.929	3.633	9.306
Indien	Noch nicht genannt.	566.840	Noch nicht genannt.	16.893
Spanien	235.400	249.393	27.834	28.355
Italien	230.158	240.578	32.877	34.767
Deutschland	180.600	195.418	8.300	8.990

(Quelle: ARD Videotext – Zahlen von der Johns-Hopkins-Universität mit Stand 01.07.2020 7.30 Uhr)

Mein Kommentar dazu:

Währenddessen sich die Corona-Situation in Deutschland und Europa deutlich entspannt, bleiben die USA mit täglich über 46.000 Neuinfektionen mit Abstand der weltweite Corona-Hotspot. Inzwischen wurde dort auch die im März vom Präsidenten höchstmöglich geschätzte Zahl von 100.000 Corona-Toten deutlich überschritten. Tendenz: weiter steigend.

Auch in Brasilien und Indien explodieren gerade die Corona-Zahlen.

Meine Schlussfolgerung:

Die Pandemie ist noch lange nicht überstanden.

Freitag, 03. Juli 2020

Im Verlauf des heutigen Tages heißt es dann leider: alles zurück auf Anfang, denn heute beginnen die Sommerferien in Hessen, was für mich vor allem bedeutet, dass alle drei Kinder für die kommenden sechs Wochen wieder zu Hause sein werden. So, wie während des Lockdowns. Kotz! Kotz! Kotz!

Für ein wenig Freude und Genugtuung sorgen indes die Einträge auf den Zeugnissen der Jungs, dass beide in die nächste Jahrgansstufe versetzt werden. *Da hat sich der ganze Kampf und Aufwand zu Hause wenigstens gelohnt.* ☺

Samstag, 03. Juli 2020

Es waren drei unglaublich schöne Jahre, denke ich mir mit einer Träne im Auge, aber auch mit dem Gefühl, das Richtige zu tun, als ich nach dem heutigen Jugendfußballtraining mein Amt und das dazugehörige Equipment an meinen Nachfolger übergebe.

Sonntag, 5. Juli 2020

Ein weiteres Stück meiner vormals gewohnten Normalität ist zurück: die Formel1 hat endlich ihre Saison begonnen. ☺

Doch für mich, als treuer Fan dieser Motorsportserie, ist das Rennergebnis eher ernüchternd. Denn auch in diesem Jahr wird Mercedes nicht (oder zumindest nur sehr schwer) zu schlagen sein und der einzige verbliebene deutsche Fahrer, Sebastian Vettel, wird in seinem hoffnungslos unterlegenen Ferrari nichts reißen können. *Langweilig!*

Dienstag, 07. Juli 2020

Ich weiß, abzüglich des Wochenendes ist es erst der zweite echte Ferientag. Dennoch habe ich bereits jetzt die Nase von den Kindern gestrichen voll. Und das, obwohl die beiden Jungs den gesamten Vormittag in der Ferienbetreuung verbringen. ☹

Ich kann inzwischen jedenfalls gut nachvollziehen, das Paar- und Familientherapeuten zu den heimlichen wirtschaftlichen Gewinnern dieser Krise zählen. *Ob auch wir bald von ihren Diensten Gebrauch machen werden/müssen?*

Wenn das mit meinem älteren Sohn so weitergeht, ja!

Donnerstag, 09. Juli 2020

Meldungen aus den USA besagen, dass in einigen Bundesstaaten die Zahl der Intensivbetten nicht mehr ausreicht, um die täglich landesweit über 60.000 Neuinfizierten binnen 24 Stunden noch adäquat behandeln zu können.

Ist unsere Urlaubsentscheidung tatsächlich die richtige?

Ja! Ich muss hier endlich mal raus!

Freitag, 10. Juli 2020

Am späten Nachmittag erreicht mich eine E-Mail von Clarissa (der Trauzeugin der Braut). Sie hat mir den Text für die Hochzeitsgäste geschickt, den ich schon beim ersten Lesen für sehr gelungen und für „nicht veränderungsbedürftig" einstufe.

Samstag, 11. Juli 2020

Die Corona-Lage beruhigt sich bei uns in Deutschland immer weiter. Bei einer Zahl von bislang lediglich knapp über 190.000 Infizierten, ca. 9.000 Corona-Toten seit dem Beginn der Pandemie und der derzeit täglichen Neuinfektionen von lediglich etwa 500 Menschen, wird aktuell jedenfalls hierzulande sogar heftig über eine Abschaffung der Maskenpflicht debattiert.

Ich bin strikt dagegen, diese Vorgabe zu lockern, da ich von deren Nutzen voll und ganz überzeugt bin. Doch mir ist auch klar, dass ich leicht reden habe, da mich die Maske in keinster Weise stört.

Die USA überlegen derweil, sämtliche ausländische Studenten des Landes zu verweisen. Offizielle Begründung: aktuell findet eh keine Präsenzuni statt. Meine Sicht: diese zusätzlichen Menschen sind derzeit in den USA aus diversen Gründen nicht erwünscht. Einer davon könnte lauten: weil sie den Amerikanern im Kampf gegen Corona ein gegebenenfalls dringend benötigtes Krankenhausbett wegnehmen könnten.

Montag, 13. Juli 2020

Ich sitze auf der Arbeit an meinem Schreibtisch und spüre auch an diesem Ort überdeutlich, dass meine Energie und Motivation in den zurückliegenden, überaus anstrengenden Monaten nahezu aufgebraucht wurde. Jedenfalls fühle ich mich müde und ausgelaugt und reagiere zudem sehr gereizt, was sonst nicht meine Art ist.

Wann hatte ich eigentlich das letzte Mal Urlaub? Frage ich mich wehmütig gegen Ende des Vormittags und muss in meinem Kalender bis in den Oktober des vergangenen Jahres zurückblättern, um einen entsprechenden Eintrag zu finden.

Es wird auch hier endlich Zeit für eine Pause! Gut, dass es nur noch zwei Wochen sind, bis meine freie Zeit beginnt!

Dennoch blicke ich in diesem Augenblick auch mit einer gehörigen Portion Stolz auf das zurück, was ich und alle anderen in der Firma in diesem Jahr bis dato geleistet haben. Dass wir es mit Bravour und so unsagbar schnell geschafft haben, uns innerlich und organisatorisch auf die sich permanent ändernden Rahmenbedingungen einzustellen und anzupassen. *Nur deshalb war es uns möglich, nach wie vor für unsere Kunden da zu sein und überhaupt noch am Markt zu existieren,* lautet mein gedankliches Fazit.

Aber wie gesagt, all das hat Kraft gekostet. Nicht nur bei mir, sondern auch bei allen um mich herum. Wobei, so viele sind dies inzwischen gar nicht mehr, da ich einer der wenigen Personen bin, die noch regelmäßig in die Firma fahren. Viele andere arbeiten inzwischen von zu Hause. Und auch das funktioniert im Großen und Ganzen hervorragend. Zumindest technisch.

Für mich ist das jedoch nach wie vor nichts. Ich bin froh, in die Firma fahren zu können und noch immer diesen Tapetenwechsel zu haben, zumal ich die Stimmung zu Hause noch immer / schon wieder als sehr angespannt empfinde. Insbesondere mit meinem älteren Sohn.

Mittwoch, 15. Juli 2020

Ich bin geschockt, denn ich erhalte am frühen Nachmittag in Bezug auf die Hochzeit meines besten Freundes eine wahrhaftige Hiobsbotschaft: Clarissa ist schwer erkrankt (nein, keine Corona!). So schwer, dass für sie bereits jetzt feststeht, dass sie nicht zur Hochzeit kommen kann und demzufolge auch ihr Trauzeuginnenamt mit sofortiger Wirkung niedergelegt hat. ☹

Ein Glück, dass sie es noch geschafft hat, den Text für das Hochzeitsbuch zu formulieren, lautet einer meiner ersten Gedanken, neben einer gewissen Bestürzung versteht sich. *Diesen Text nun zu den Gästen zu bekommen, wird jedoch allein auf meinen Schultern liegen und das am besten noch vor dem Urlaub, sonst wird es zu knapp. Druck! Stress!*

Freitag, 17. Juli 2020

In mühevoller Kleinstarbeit habe ich alle von Markus übersandten E-Mailadressen der Hochzeitgäste in meine elektronische Nachricht eingefügt. Als ich letztlich auf „Senden" klicke, bekomme ich jedoch stets eine Fehlermeldung. Warum? Ich kann es mir selbst nicht erklären. *Frust! Noch mehr Druck. Noch mehr Stress.*

Samstag, 18. Juli 2020

Immer noch besorgniserregend:

Wo?	Infizierte		Tote	
	01.07.2020	18.07.2020	01.07.2020	18.07.2020
Welt	10.450.628	14.106.753	510.437	602.656
USA	2.634.432	3.647.715	127.410	139.266
Brasilien	1.402.041	2.046.328	59.594	77.851
Russland	646.929	758.001	9.306	12.106
Indien	566.840	1.039.084	16.893	26.273
Spanien	249.393	260.255	28.355	28.420
Italien	240.578	243.967	34.767	35.028
Deutschland	195.418	202.045	8.990	9.088

(Quelle: ARD Videotext – Zahlen von der Johns-Hopkins-Universität mit Stand 18.07.2020 7.30 Uhr)

Auch am heutigen Tag gelingt es mir technisch nicht, die E-Mail an die Hochzeitsgäste zu versenden und ihnen die Bitte zuzuleiten, mir einen Beitrag für das Hochzeitsbuch zu übermitteln. Ich muss mir folglich einen anderen Weg einfallen lassen. Aber welchen?

Sonntag, 19. Juli 2020

Die ständige Präsenz meiner Familie nervt.

Montag, 20. Juli 2020

Ich habe mich inzwischen entschieden, die Hochzeitsgäste auf die altehrwürdige Art, also per Post, anzuschreiben. Letztlich bin ich sogar recht froh darüber, dass das mit der E-Mail nicht geklappt hat, da ich den analogen Weg für deutlich stilvoller halte, als eine E-Mail. Dass diese Aktion deutlich mehr Zeit in Anspruch nehmen und deutlich höhere Kosten verursachen wird, ist mir dabei inzwischen egal. Zum einen, weil ich weiß, dass dieser Zustellweg funktionieren und mir nicht noch mehr Kopfzerbrechen bereiten wird, und zum anderen, weil Markus es mir schlichtweg wert ist.

Folglich steure ich gleich auf meinem heutigen Weg zur Arbeit die nächstgelegene Postfiliale an und kaufe, was nötig ist: 90 Briefmarken für je 80 Cent und die dazugehörigen Umschläge.

Dienstag, 21. Juli 2020

Auch heute habe ich frei. Wie fast jeden Dienstag. DennochIch bin mal wieder deutlich vor meiner Familie wach. Anstatt mich jedoch an den Rechner zu begeben und an einem meiner Bücher zu arbeiten, setzte ich mich um 4.55 Uhr an den Küchentisch und schreibe Adressen auf Briefumschläge.

Um 7.35 Uhr ist es vollbracht. Die Briefumschläge sind fertig adressiert und frankiert. Nun heißt es nur noch, 90mal den Inhalt zu falten, diesen in die Kuverts gleiten zu lassen und zu guter Letzt die Umschläge zu verschließen.

Gegen 9.30 Uhr ist auch das dank der Hilfe der Kinder erledigt. Anschließend gehen wir sogleich gemeinsam zum örtlichen Briefkasten und „füttern" diesen.

Als wir wenig später nach Hause zurückkehren, spüre ich sowohl eine gehörige Portion Stolz, als auch eine deutliche Erleichterung in mir. *Dieser erste und wichtige Schritt ist getan!*

Mittwoch, 22. Juli 2020

Kaum zu glauben, aber wahr: Nach nunmehr gut vier Monaten, in denen es in Bezug auf meine Selbständigkeit nur Absagen und Enttäuschungen hagelte, wendet sich am heutigen Tag das Blatt, als gleich zwei meiner Kunden bei mir anrufen und mich für diverse Vorträge im Laufe des Augusts und des Septembers buchen. ☺
Hoffentlich bleibt es auch dabei. Es wäre in vielerlei Hinsicht so wichtig für mich.

Die quälende Ungewissheit hat endlich ein Ende, als im Verlauf des Nachmittags eine E-Mail der künftigen Schule meiner Tochter eintrudelt, aus welcher hervorgeht, dass ihre Einschulung stattfinden wird. ☺
Eine bisher gewohnte feierliche Einschulungsveranstaltung wird es jedoch seitens der Schule nicht geben. Stattdessen sollen alle Erstklässler/-innen mit ihrer Schultüte am ersten Schultag (17. August)

einfach so in die Schule kommen. *Nicht schön, aber besser als gar kein Schulbeginn.*

Sogleich als ich diese Nachricht gelesen habe, überbringe ich die frohe Kunde an meine Tochter, die wahre Freudensprünge in ihrem Zimmer veranstaltet und postwendend ihren seit Januar in ihrem Schrank stehenden Schulranzen hervorholt und aufsetzt.

Hoffentlich bleibt es auch dabei, denke ich mir ein weiteres Mal an diesem Tag.

Donnerstag, 23. Juli 2020

Während meiner Mittagspause sitze ich in einem der Aufenthaltsräume der Firma und überfliege eine der dort liegenden Tageszeitungen. Insbesondere ein Bericht bindet meine Aufmerksamkeit, in welchem es um die deutlich gestiegenen (Sperr-) Müllberge, in den letzte Monaten geht. Als Hauptursache wird vor allem der Corona bedingte Zeitgewinn genannt, den viele Menschen zum Aufräumen genutzt hätten. *Stimmt!* denke ich mir beipflichtend. *Auch wir haben in den vergangenen Wochen so viel aufgeräumt und weggeworfen, wie noch nie. Und es hat gutgetan, sich von diesem Ballast zu befreien.*

Samstag, 25. Juli 2020

Seit ein paar Tagen steigen die Corona-Zahlen wieder und liegen jetzt bei über 700 Neuinfektionen je Tag. Erste innereuropäische Reisedestinationen gelten inzwischen wieder als Risikogebiet, inkl. Reisewarnung und anschließender 14-tägiger Quarantäne bei Rückkehr aus einem solchen Gebiet. Es ist insgesamt mal wieder ein eher verwirrender Zustand.

Wäre es nicht doch besser, nicht an die Ostsee zu fahren?

Donnerstag, 30. Juli 2020

Ein weiteres Mal bin ich binnen der vergangenen Tage von Stolz erfüllt und auch erleichtert, als ich um 8.35 Uhr in meinem heimischen Büro den Rechner herunterfahre. Schließlich habe ich soeben, das siebte Buch dieser Reihe an den Verlag übermittelt und somit den Großteil meiner Corona-Krise-Tagebücher bereits zu Papier gebracht. Zumindest sagt mir dies ein Gefühl aus meinem tiefsten Innern, auf welches ich mich seit dem 11. März 2011 stets verlassen konnte.

Fünf kräftezehrende Monate des nahezu unentwegten Schreibens über Corona und dessen Folgen für mich, meine Familie und die Gesellschaft liegen hinter mir und ich spüre überdeutlich, dass es auch diesbezüglich höchste Zeit wird, eine Pause einzulegen und etwas Neues zu beginnen. Was dieses Neue sein wird, weiß ich jedoch noch nicht genau. Ein neues Buch zu einem völlig anderen Thema? Eine neue Liebe? Ein neues Leben? Vielleicht alles drei? Ich wünsche mir derzeit jedenfalls nichts sehnlicher, als aus dem was heute ist und was sich binnen der vergangenen Monate entwickelt hat, auszubrechen.

Nein, dieses bereits im sechsten und im siebten Buch erwähnte Gefühl, durch die fortwährende Gegenwart meiner Frau und der Kinder erdrückt zu werden und am liebsten einfach abzuhauen, hat mich bis heute nicht losgelassen.

Schweren Herzens schlurfe ich daher aus dem Büro ins Wohnzimmer und frage mich unterwegs, welche Regeln aktuell eigentlich gelten und auf was wir somit im Urlaub alles achten müssen. Die vergangenen Wochen, mit den ständig neuen und regional unterschiedlichen Lockerungen haben mich jedenfalls sehr verwirrt.

Ich setze mich daher aufs Sofa und schalte den Fernseher ein. Die nachfolgenden Zeilen geben das wieder, was ich im Videotext des NDR um 13:21 Uhr auf S. 462 dazu gefunden habe:

Bundesweit gilt:

Ich zitiere ...

1. Bei Kontakten zu anderen Menschenaußerhalb der Angehörigen des eigenen Hausstands ist nach wie vor Vorsicht geboten. Treffen der Mitglieder zweier Haushalte sind erlaubt, in einzelnen Bundesländern auch mehr.

2. In der Öffentlichkeit ist, wo immer möglich, zu anderen als den unter 1. Genannten Personen ein Mindestabstand von 1,5 Meter einzuhalten.

3. Der Aufenthalt im öffentlichen Raum ist nun weitgehend überall auch mit Personen aus einem anderen Hausstand erlaubt.

4. Der Aufenthalt im Freien, individueller und vielerorts auch Mannschaftssport ist möglich, wichtig ist dabei die Einhaltung der unter Punkt 1 bis 3 genannten Voraussetzungen.

5. Gruppen feiernder Menschen auf öffentlichen Plätzen bleiben inakzeptabel, insbesondere bei Alkoholgenuss. Für Feiern und Veranstaltungen gibt es von Bundesland zu Bundesland unterschiedliche Regeln. Verstöße gegen die Kontakt-Beschränkungen werden von den Ordnungsbehörden und der Polizei überwacht und bei Zuwiderhandlungen sanktioniert.

6. Gastronomie-Betriebe sind wieder geöffnet – mit teils reduzierter Gästezahl, Sicherheitsabständen und meist mit vorheriger Anmeldung. Gäste müssen ihre Daten angeben, um etwaige Ansteckungsketten zurückverfolgen zu können.

7. Dienstleistungsbetriebe, bei denen eine körperliche Nähe unabdingbar ist, müssen Auflagen zur Hygiene, zur Steuerung des Zutritts und zur Vermeidung von Warteschlangen erfüllen. Zudem sollen die Mitarbeiter persönliche Schutzausrüstungen tragen, für die Kunden besteht Maskenpflicht.

8. So gut wie alle Bundesländer verlangen das Tragen eines Mund- und Nasenschutzes beim Einkaufen, in öffentlichen Gebäuden und im öffentlichen Personennahverkehr.

9. Der Busgeldkatalog im Fall von Verstößen ist von Bundesland zu Bundesland unterschiedlich, sie reichen in der Regel von 20 bis 5.000 Euro, im Wiederholungsfall drohen bis zu 25.000 Euro und auch Haftstrafen.

10. Der Schulbetrieb soll sich nach den Ferien wieder weitgehend normalisieren. Die Ausweitung des Präsenzunterrichts wird von Bundesland zu Bundesland unterschiedlich gehandhabt.

11. Viele Länder haben die Kitas wieder geöffnet. Anderswo sind die Möglichkeiten einer Notbetreuung für arbeitende Eltern stark ausgedehnt.

12. Großveranstaltungen bleiben mindestens bis zum 31. Oktober untersagt. Gottesdienste dürfen inzwischen überall abgehalten werden.

13. Private Reisen und Besuche sind nach überallhin möglich. Die pauschale weltweite Reisewarnung wurde am 15. Juni aufgehoben und durch eine Liste von Corona-Risikogebieten ersetzt. Auf dieser stehen zum Beispiel noch Ägypten, Thailand und die Türkei.

14. Zudem gelten seit der Öffnung der Geschäfte bundesweit einheitliche und verbindliche Arbeitsschutzregeln. Ein Abstand von 1,5m zu anderen Personen ist vorgegeben – drinnen wie draußen. Dafür mussten Zugangsregelungen, Absperrungen, Markierungen oder Trennwände eingerichtet werden.
Ansonsten müssen Arbeitgeber für Nase-Mund-Bedeckungen für Beschäftigte Kunden und Dienstleister sorgen.
Mitarbeiter sollen weiterhin möglichst wenig Kontakt untereinander haben – und müssen gesund sein. Der Appell von Arbeitsminister Heil: „Niemals krank zur Arbeit."   - Zitat Ende –

*Und was gilt für unser Urlaubsziel **Schleswig-Holstein**?*
Zitat: „Kitas wird unter Auflagen der volle Regelbetrieb ermöglicht. In Schulen soll es zunächst nahezu Präsenzunterricht in festen Lerngruppen geben, Maske tragen wird ab Jahrgangsstufe 7 ausdrücklich empfohlen. Bäder, Saunen und Freizeitparks können wieder besucht werden. An bestuhlten öffentlichen Veranstaltungen im Freien dürfen 500 Besucher teilnehmen, ohne Sitzplätze bis zu 150. 50 Menschen können sich zu privaten Feiern treffen – draußen sogar 150. Heimbewohner dürfen Besuch bekommen. …" *Blablabla. Also im Wesentlichen gilt dort nichts anderes, als bundesweit: Abstand halten und Maske tragen!*

Und wo ich gerade dabei bin, schaue ich aus reiner Neugier, was aktuell im Bundesland **Bremen** in Bezug zu „Feiern" erlaubt ist, und was nicht.

Zitat „Private Veranstaltungen mit bis zu 20 Personen (unter freiem Himmel 50) sind erlaubt. Bei öffentlichen Events liegt die Zahl bei 250 (drinnen) bzw. 400 (draußen). Ein Hygienekonzept muss dabei vorliegen." *(Quelle der beiden letzten Zitate: ARD Videotext S. 463 – Stand 30.07.2020 13:25 Uhr)*
Mein gedankliches Fazit dazu: Die Hochzeit darf also derzeit gar nicht in der geplanten Größe stattfinden.

Anschließend beginne ich mit einer Tätigkeit, die ich wahrlich hasse: Kofferpacken für die gesamte Familie (außer der Sachen meiner Frau).

Bevor ich an diesem Abend zu Bett gehe, schaue ich noch einmal Nachrichten. Die Corona-Zahlen steigen wieder. Das ist zumindest die Botschaft, die ich für mich mitnehme. ☹
Sollten wir nicht doch in letzter Sekunde alles abblasen?

Freitag, 31. Juli 2020

9.25 Uhr: Die gesamte Familie sitzt mit mir im Auto und wir fahren auf der Autobahn gen Norden, unserem Etappenziel Dorfmark (etwas nördlich von Hannover) entgegen, wo wir auf meinen Wunsch hin eine Zwischenübernachtung machen werden, damit es für mich als Fahrer nicht zu anstrengend wird. Ich hasse es nämlich eigentlich, mit dem Auto in den Urlaub zu fahren, weshalb wir in den vergangenen zehn Jahren stets mit der Bahn und oder mit dem Flugzeug verreist sind. Dieses Jahr ist jedoch auch das wegen Corona anders. Doch nicht nur das stressige Autofahren schlägt mir unterwegs aufs Gemüt, sondern auch zwei andere Gefühle machen mir zu schaffen: Unsicherheit, weil ich nicht weiß, was in den kommenden Tagen auf mich (uns) zukommt, und eine gewisse Beklemmung, da mich die beiden Dinge, von denen ich so gerne eine Auszeit nehmen und mich erholen würde, auch auf dieser Reise ständig bei mir sein werden: Corona und meine Familie.

Beides sind jedenfalls Gefühle, die ich bis dato noch nie mit Urlaub verbunden habe. Von meiner bisher gewohnten Vorfreude, sowie einer gewissen Unbekümmertheit und Abenteuerlust fehlen in diesem Jahr jede Spur. Stattdessen bin ich eher angespannt.

Dennoch tut es irgendwie gut, aus dem bisherigen heimischen Corona-Gefängnis auszubrechen.

12:15 Uhr: Da die Autobahn zu meiner Überraschung recht leer war, erreichen wir deutlich eher als geplant unser Ziel und steuern sogleich das örtliche Freibad an, um sowohl die über 30 Grad und den anhaltenden Sonnenschein auszunutzen, als auch unseren Kindern die Gelegenheit zu bieten, sich nach dem langen Sitzen, im Wasser auszutoben.

Bevor wir aus dem Auto steigen erinnere ich noch einmal alle Insassen an die aktuellen Corona-Regeln: „Bitte denkt daran, das

Wichtigste ist, Maske tragen und Abstand halten. Das ist mir wirklich wichtig."

Doch schon im Eingangsbereich der Badeanstalt wird es uns unmöglich gemacht diese Regeln einzuhalten, als eine Gruppe pubertärer Jungs, die hinter uns in der kurzen Schlage an der Kasse steht, uns derart nahe auf die Pelle rückt, dass sich mein Magen verkrampft. *Was ist es verdammt nochmal so schwer daran, Abstand zu halten?* frage ich mich stock sauer. Sagen tue ich allerdings nichts, um keinen Streit zu provozieren.

Auch als wir das Freibad betreten, fühle mich äußerst unwohl. *All die vielen Menschen ... diese Nähe ... und fast niemand trägt eine Maske ... .* Auch unsere Kinder scheinen die fehlenden Masken postwendend wahrzunehmen. Ich kann es mir jedenfalls nicht anders erklären, warum auch sie sich – angeführt von ihrem großen Bruder - auf dem Weg zu einem Liegeplatz unaufgefordert ihre Masken abnehmen und sich dadurch einen Anranzer meinerseits einfangen.

„Papa, entspann dich mal!" entgegnet mir meine Tochter daraufhin.

„Würde ich ja gerne, kann ich aber nicht", lautet meine eher patzige Antwort.

Auch in der Folge fällt es mir sehr schwer, mich in dieser unter den aktuellen Umständen sehr ungewohnten Umgebung zu bewegen. Und ich bin zugegebenermaßen heilfroh, als wir gegen 15.30 Uhr das Freibad verlassen und ins Hotel fahren, wo ich mir mehr Sicherheit verspreche. *Ob wir uns bereits mit Corona infiziert haben?*

Im Hotel angekommen, wartet jedoch die nächste unerfreuliche Überraschung an der Rezeption auf mich, indem mir der äußerst ungepflegt aussehende Rezeptionist, der auch der Hotelinhaber zu sein scheint, ohne jeglichen Mundschutz derart nahekommt, dass ich seine Alkoholfahne riechen kann.

Ich bin jedenfalls derart von seinem rücksichtslosen Verhalten und dem offensichtlichen Fehlen jeglicher Hygienestandards in diesem im

Internet durchweg positiv bewerteten Drei-Sterne-Hotel geschockt. So sehr, dass es mir die Sprache verschlägt und ich innerlich beginne, vor Wut zu kochen. *Ist nicht gerade die Hotelbranche eine der Branchen, die am meisten unter Corona zu leiden hat? Und müssten nicht gerade die Hoteliers ein gesteigertes Interesse daran haben, alles dafür zu tun, dass sich der Gast gutaufgehoben fühlt? Offensichtlich nicht. Zumindest nicht in diesem Hotel.*

Am liebsten würde ich sofort wieder nach Hause fahren, sagt eine Stimme in mir. Eine andere sorgt jedoch dafür, dass ich wortlos die unsere beiden Zimmer bezahle und die Schlüssel entgegennehme.

Na das geht ja alles gut los, denke ich mir konsterniert und auch fassungslos über das soeben erlebte Verhalten, als wir wenig später unser Übernachtungsgepäck in unsere Zimmer gebracht und uns gründlich die Hände gewaschen haben. Für den Rest des Tages bleiben wir dann auf dem Zimmer. Zum Abendessen bestellen wir Pizza, was den Hausfrieden für den Moment aufrechterhält.

Kurz vor dem Einschlafen gehen mir die Worte meiner Tochter noch einmal durch den Kopf. *Entspann dich mal*, hatte ich sie vorhin im Freibad zu mir gesagt. *Aber wie?*
Und je mehr ich darüber nachdenke, umso klarer wird mir, dass es nur zwei Antworten auf diese Frage gibt:
1. Die Reise abzubrechen und heimzufahren. Oder,
2. die Situation so zu akzeptieren, wie sie nun mal ist. Dass es derzeit nirgends eine 100%ige Sicherheit vor dem Virus gibt. Weder zu Hause noch unterwegs. Und dass es nichts bringt, mich verrückt zu machen.

Und ich entscheide mich für Option zwei.

Samstag, 01. August 2020

5.00 Uhr: Mein Handywecker klingelt, da ich gestern noch mit meiner Frau den Plan gefasst habe, möglichst früh weiterzukommen und vor der heutigen Reisewelle unterwegs zu sein. Sprich, dem erfahrungsgemäß hohen Verkehrsaufkommen rund um Hamburg aus dem Weg zu gehen, und möglichst früh am Strand zu sein, damit wir noch einen der begehrten Strandkörbe für die kommende Woche ergattern, was aus meiner Sicht immer schwerer wird, je später wir dort eintreffen und je mehr neue Gäste bereits vor uns dort sind. (Eine telefonische Vorabreservierung war leider nicht möglich.) Zudem hege ich aus irgendeinem Grund den Wunsch, an diesem Morgen am Strand zu frühstücken.

All das treibt mich jedenfalls an und sorgt dafür, dass meine Frau und ich keine Zeit verlieren und alles Nötige vorbereiten, sodass wir gegen 5.30 Uhr nur noch die Kinder wecken, ihnen beim Anziehen und Zähneputzen helfen, und sie dann bitten, sich schlaftrunken ins Auto zu setzen.

Um kurz nach 6 Uhr sind wir wieder auf der Autobahn.

So zeitig weiterzufahren, war eine sehr gute Entscheidung, denke ich mir kurzdarauf, als ich realisiere, dass bereits zu diesem sehr frühen Tageszeitpunkt alle drei zur Verfügung stehenden Fahrbahnen sehr gut gefüllt sind. ☹

Erst, als wir gegen kurz nach acht Uhr Hamburg und die sich anschließenden Lübecker-Ausfahrten hinter uns gelassen haben, wird es deutlich ruhiger. Nun ja, zumindest auf der Straße vor und hinter uns. Im Auto kehrt hingegen langsam aber sicher Leben ein. Insbesondere auf den Rücksitzen, wo die Kinder noch bis eben geschlafen bzw. sich mit dem Tablet beschäftigt haben wird sich derweil über irgendetwas Belangloses gestritten.

Deutlich von der Streiterei der Kinder entnervt und von der letztlich doch recht anstrengenden Fahrt gestresst, stelle ich das Fahrzeug um 8.47 Uhr auf einem Parkplatz nahe unserer Ferienwohnung ab. Wir zögern nicht lange, sondern schnappen uns unsere Strand- als auch unsere Picknicksachen und gehen ohne Umwege zum kleinen Holzhaus der Strandkorbvermietung an der Wasserkannte, wo sich herausstellt, dass noch genügend Strandkörbe für die kommende frei sind.

Als ich den Schlüssel für den Strandkorb in meinen Händen halte, fällt erstmals seit dem Beginn unserer Reise eine Last von meinen Schultern ab. So, als wollte mir mein Körper sagen, dass jetzt das Schlimmste überstanden ist und die Erholung beginnen kann.

In der Tat sitze ich wenig später für einen kurzen Moment mit einem breiten Grinsen im Strandkorb und beobachte die Kinder dabei, wie sie friedlich im Sand buddeln, beziehungsweise eine erste Bekanntschaft mit der Ostsee machen. Dann bekomme ich jedoch Hunger und mache mich mit meinem jüngeren Sohn auf den Weg, um entlang der Strandpromenade eine Bäckerei zu finden, in der wir frische Brötchen für unser Strandfrühstück kaufen können.

Unsere Suche dauert zum Glück nicht lange, denn schon nach wenigen Metern riecht es bereits ganz verführerisch nach frischen Backwaren. Wir folgen diesem Geruch und als wir um eine Hausecke biegen, stehen wir plötzlich am Ende einer ca. 50m langen Schlange, in welcher mit ausreichend Abstand Menschen mit Masken vor Mund und Nase stehen und an deren Ende sich die Bäckerei befindet.

Was die Kinder sichtlich nervt, erleichtert mich indes. *Das Masken- und Abstandsgebot scheint hier eingehalten zu werden.*

Etwa fünf Minuten später haben wir unsere Brötchen und gehen zurück zum Strand, wo wir alle wie ein Rudel hungriger Wölfe über unser Essen herfallen.

„Ich bin überrascht, wie leer es hier ist", sage ich zwischendurch zu meiner Frau.

„Abwarten", entgegnet sie mir. „Es ist ja auch noch sehr früh. Die meisten Leute frühstücken oder schlafen jetzt noch. Zudem ist heute ja auch Bettenwechsel, sodass sich erst nach dem Wochenende, wenn auch die Tagestouristen wieder weg sind, das wahre Bild zeigen wird."

„Na, dann schauen wir mal, was passiert."

Gegen Mittag ist es in der Tat deutlich voller um uns herum geworden. Jedoch zu meiner Erleichterung nicht so voll, dass es mir unangenehm ist. *Wenn es so bleibt, ist alles gut,* denke ich mir.

Und es bleibt so.

Donnerstag, 06. August 2020

Fünf Urlaubstage sind bereits vergangen. Von einigen kleineren Streitereien mit meinem älteren Sohn mal abgesehen, war es bislang eine sehr schöne und zu meiner Überraschung auch eine recht erholsame Zeit. Die Wohnung ist toll. Die Sonne schien. Es war herrlich warm. Der Strand war nicht überbevölkert und auch sonst ist es uns gut gelungen, andern Menschen aus dem Weg zu gehen, beziehungsweise Abstand zu halten. Corona war / ist jedenfalls gefühlt sehr weit weg. ☺

Dennoch bleibt auch hier – fernab der Heimat – eine gewisse Restanstrengung bestehen. Drei Kinder wollen halt betreut werden und genau das ist in diesem Jahr anders und fordernder, als wir es bislang in unseren Urlauben gewohnt waren. „Früher" haben sie nämlich am Strand stets sehr rasch Kontakt zu anderen Kindern aufgebaut und dann auch mit diesen gespielt, sodass uns Eltern auch mal ein wenig Zeit für uns vergönnt war. Da das Spielen mit anderen Kindern jedoch in diesem Jahr nicht möglich ist, obliegt es mal wieder uns Erwachsenen, für

Animation und Beschäftigung zu sorgen. Zulasten unserer eigenen Erholung. Zumindest fühlt es sich für mich so an. ☹

Ich genieße daher jeden dieser zumeist sehr kurzen Augenblicke, in denen ich mich mal nicht im Klammergriff der Kinder oder meiner Frau befinde. So auch an diesem Morgen, als ich gegen kurz nach neun Uhr in unserem Strandkorb sitze und ziellos hinaus auf das nahezu wellenlose Meer schaue, während der Rest meiner Familie in der Ostsee planscht. Und während ich so dasitze, frage ich mich plötzlich, wie es künftig für mich beruflich weitergehen soll und woran ich künftig gerne arbeiten möchte.

Tiefgreifende Fragen, ich weiß, die mich in diesem Augenblick ebenso überraschen, wie die spontane Antwort in mir: *An etwas, das von Herzen kommt und das meine Seele befriedigt.*

Und was soll das sein? hake ich gedanklich nach.

Keine Antwort.

Kurz darauf ist meine Familie aus dem Wasser zurück.

Als ich an diesem Abend ins Bett gehe, bin ich glücklich und zufrieden. Von dem, was am kommenden Tag passieren wird, ahne ich glücklicherweise noch nichts.

Freitag, 07. August 2020

6 Uhr: Der Wecker meiner Frau klingelt. Während sie leise aufsteht, sich ihre Laufsachen anzieht und die Wohnung verlässt, versuche ich weiterzuschlafen. Ohne Erfolg. Auch ich bin wach. Ich setze mich im Bett auf und nehme mir ein Buch zur Hand. *Einfach so dagelegen und gelesen habe ich auch schon eine gefühlte Ewigkeit nicht mehr,* denke ich mir wenig später. *Doch es tut gut. Sehr gut.*

6.25 Uhr: Ich höre Schritte im Wohnungsflur. *Eines der Kinder ist wach. ...* Die Toilettenspülung wird betätigt. Anschließend vergehen nur wenige Augenblicke, bis die Tür zum Elternschlafzimmer geöffnet wird. Mein jüngerer Sohn schaut herein. An seinem Blick erkenne ich, dass er verwundert ist, mich allein vorzufinden.

„Wo ist Mama?" fragt er mich.

„Laufen", lautet meine sparsame, aber alles umfassende Antwort.

„Wollen wir etwas spielen?"

Nein!, denke ich. „Ja. An was hast du denn gedacht?", sage ich.

„Kniffel", erwidert er mir freudestrahlend.

6.48 Uhr: Noch immer sitzen wir auf dem Bett und würfeln. Die erste Runde ging an meinen Sohn. Bei der zweiten scheint das Glück eher auf meiner Seite zu liegen. Dennoch spüre ich, dass ich eigentlich gerne etwas anderes machen würde. Zum Beispiel, in meinem Buch weiterzulesen. Doch daraus wird wohl nichts.

6.52 Uhr: Es klopft an der Zimmertür. Sofort ist mir klar, dass es nur meine Tochter sein kann, die auf der anderen Seite steht. Nur sie hat sich aus irgendeinem Grund angewöhnt, morgens an unsere Tür zu pochen, bevor sie eintritt. Die beiden Jungs würden jedenfalls einfach so hereingestürmt hereinkommen.

„Jaaa", sage ich langgezogen und gespielt erwartungsfroh. So, als wüsste ich nicht, wer da geklopft hat.

Daraufhin öffnet sich die Tür. Langsam und auch nur einen Spalt. Vorsichtig schiebt sich der Kopf meiner Tochter ins Zimmer. Sie schaut sich um.

„Wo ist Mama?" lautet auch ihre erste Frage dieses noch jungen Tages. Kein „Hallo Papa" und auch kein „Guten Morgen". Aber auch das bin ich von ihr gewohnt. *Zum Glück ist sie der einzige Morgenmuffel der Familie,* denke ich mir, bevor ich sie freundlich zu uns hineinbitte, damit wir ihren großen Bruder nicht aufwecken.

„Aber der ist doch längst wach", entgegnet sie mir, ohne dass ich die Chance hatte, auf ihre Frage zu antworten.

„Wie, der ist schon wach? Wo ist er denn und was macht er?" frage ich sie.

„Der liegt in seinem Zimmer und schaut Fernsehen."

„Na, dann wollen wir ihn lieber nicht dabei stören. Oder was meint ihr?" sage ich.

„Nein, das sollten wir lieber nicht. Sonst rastet er wieder aus" fasst mein jüngerer Sohn die Situation treffend zusammen.

7.23 Uhr: Nachdem wir zu dritt eine weitere Runde gekniffelt haben, wird es aus meiner Sicht Zeit, um zu frühstücken. Passenderweise kehrt meine Frau in diesem Augenblick von draußen zurück. Sie hat Brötchen mitgebracht. Jedenfalls duftet es plötzlich in der gesamten Wohnung sehr verführerisch nach frischen Backwaren.

7.28 Uhr: Meine beiden Spielgefährten und ich haben den Tisch gedeckt. Meine Frau steht unter der Dusche. Von meinem Ältesten fehlt nach wie vor jedes Lebenszeichen. *Ob ich mal bei ihm reinschauen sollte?*

Ich verkneife es mir, da ich mich an die Worte meines jüngeren Sohnes erinnere ... *sonst rastet er wieder aus ...* .

7.39 Uhr: Wir sitzen zu viert am Frühstückstisch. Mein schlechtes Gewissen ist inzwischen so groß, dass ich nicht anders kann, als aufzustehen und auch dem fünften Familienmitglied wenigstens den Hinweis zu geben, dass ab sofort in seinem Nebenzimmer gefrühstückt wird. Ich überlasse es jedoch ihm, ob er sich zu uns gesellen und mit uns etwas essen möchte, oder nicht.

Zu meiner Überraschung macht er den Fernseher sofort aus. Wortlos folgt er mir in die Küche. Anstatt sich zu setzen, schnappt er sich jedoch lediglich ein Brötchen und will wieder in sein Zimmer zurück.

Mit den Worten „Ich fände es sehr schön, wenn du bei uns bleiben und gemeinsam mit uns frühstücken würdest", versuche ich ihn vom Weitergehen abzuhalten.

„Lass mich. Ich will nicht!" entgegnet er mir kalt und abweisend.

Und ich lasse ihn. Zugegebenermaßen schweren Herzens. Denn ich hätte es in der Tat sehr schön gefunden, gemeinsam mit ihm am Tisch zu sitzen.

8.03 Uhr: Das Frühstück ist beendet. Unsere Tochter hilft uns Eltern noch dabei, den Tisch abzuräumen während mein jüngerer Sohn in sein Zimmer gegangen ist, um sich anzuziehen.

8.14 Uhr: Auch habe mich in der Zwischenzeit meines Schlafanzugs entledigt und mich mit Sonnencreme für den bevorstehenden Strandtag eingesalbt. Nun stehe ich nackt vor dem Spiegel im Bad und putze mir die Zähne. Nackt, da die Creme noch nicht vollständig eingezogen ist und ich es schlichtweg hasse, wenn meine Kleidung an der Sonnencreme kleben bleibt und mir somit direkt auf der Haut haften würde.

8.29 Uhr: Alle sind angezogen, gewaschen, eingecremt und haben sich auch die Zähne geputzt. Alle, bis auf einen.

Ich gehe zu seinem Zimmer, klopfe an und öffne die Tür.

„Was willst du von mir?" werde sogleich unerwarteter Weise angeblafft.

„Es wäre toll, wenn auch du jetzt den Fernseher ausmachen und dich anziehen würdest, damit wir gemeinsam zum Strand gehen können", entgegne ich ihm bewusst sanftmütig, obwohl ich aufgrund seines gehässigen Tonfalls und ob seiner Worte bereits innerlich koche. „Verpiss dich, Alter! Verpisst euch alle! Ich hasse euch! Ich hasse euch, wie nichts anderes auf der Welt!" wird mir entgegen gebrüllt. Und jedes Wort klingt ernst gemeint.

Wow …. Ich bin sprachlos. Und ich sage das nicht nur einfach so, sondern ich bin es wirklich, denn seine Worte haben mich bis ins Mark und in das tiefste meines Herzens getroffen und verletzt. Ich bin den Tränen nahe.

Auch meine Frau steht fassungslos neben mir, denn sie hat unmittelbar mitbekommen, was soeben passiert ist.

Ratlos schauen wir uns an. Auch ihr stehen Tränen in Augen.

Corona hat mir meinen Jungen genommen…, denke ich mir … *und ich habe keine Ahnung, wo das mit ihm noch hinführen wird. …*

Fortsetzung folgt.

Nachwort

Fragen/Sorgen, die mich auch weiterhin beschäftigen werden:

Frage:	Aktuelle Antworten:
Haben wir das Schlimmste dieser Krise schon überstanden?	Da bin ich mir inzwischen nicht mehr so sicher, wie noch Ende Mai.
Die Hochzeit Ende Oktober in Bremen. Ob sie so stattfinden wird, wie geplant?	Abwarten.
Bleibt es bei meinen Vortragsterminen im August und September?	Hoffentlich.
Wird Corona für mich und meine Familie auch weiterhin ein Gespenst in der Ferne bleiben?	Ich hoffe es nach wie vor sehr.
Ich will also an etwas arbeiten, das von Herzen kommt und das meine Seele befriedigt. Aber was wird das sein?	Ich weiß es (noch) nicht.
Wie soll das mit meinem älteren Sohn weitergehen?	Keine Ahnung. Anders.